Ilustraciones: Francisco Arredondo y Francisca Valiente

Campezo, s/n - 28022 Madrid
Tel.: 913 009 100 - Fax: 913 009 118
www.susaeta.com
ediciones@susaeta.com

PRIMERA BIBLIOTECA

250 curiosidades de los ANIMALES

susaeta

CONTENIDO

MAMÍFEROS

LAS ORCAS son las grandes cazadoras del mar, y a menudo tienen fama de peligrosas.

Poseen un buen método para cazar focas: ¡golpean los bloques de hielo sobre los que éstas descansan, hasta hacerles perder el equilibrio y caer al agua!

El león es llamado
«el rey de la selva»,
aunque en realidad
no vive allí.

Habita en la sabana,
en espacios abiertos,
que es donde hay
más herbívoros
para cazar.

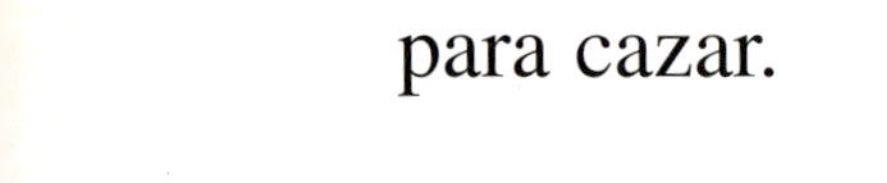

Quienes de verdad
cazan son las leonas.

Los machos se quedan
dormitando, pero eso
no quiere decir que no
tengan nada que hacer.
¡Su tarea es proteger
a los cachorros,
lo cual no
siempre
es fácil!

EL GUEPARDO es el animal más rápido: ¡corre a 110 km/h! Pero si al poco tiempo no atrapa a su presa, deja de perseguirla.

Vigila largamente a sus posibles presas para detectar cuál puede ser más fácil de cazar.

Son tan veloces gracias
a sus largas patas y a su
flexible columna vertebral.

Cuando se reproducen, forman familias que se mantienen unidas durante dos años, hasta que los cachorros son autosuficientes.

EL ÑU es uno de los herbívoros
más abundantes en la sabana,
donde forma grandes rebaños.

Eran animales confiados,
¡pero pronto aprendieron
a huir del temible cazador!

LA JIRAFA es el animal más alto: ¡un macho adulto tiene la cabeza a más de cinco metros del suelo!

Su lengua mide más de medio metro. Gracias a su largo cuello y a su lengua puede alimentarse de las ramas y hojas más tiernas de las copas de los árboles.

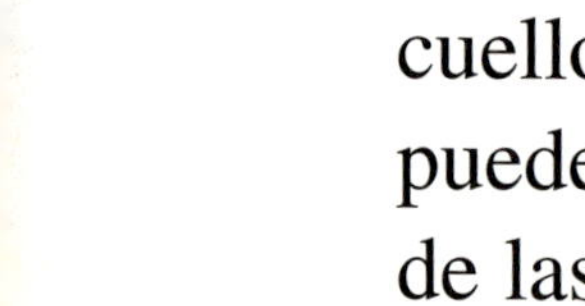

LOS PAPIONES
forman sociedades
muy sólidas:
los machos adultos
tienen colmillos
formidables,
y defienden
ferozmente
a las hembras
y sus crías.

LOS ELEFANTES son los animales terrestres de mayor tamaño. En concreto, el elefante africano es el mayor de todos: un adulto puede pesar ¡más de cinco toneladas!

Al ser tan grande, su cuerpo
se calienta mucho al sol,
por lo que necesita refrescarse
a menudo.

Sus colmillos le sirven para
desbrozar la vegetación,
en busca de tallos tiernos
y hojas frescas.
¡Y son un arma temible,
por supuesto!

EL HIPOPÓTAMO es uno de los animales vivos más pesados: ¡un adulto puede alcanzar las tres toneladas!

Sus colmillos también impresionan, ya que los inferiores miden más de medio metro.

Sin embargo, no es un animal carnívoro: se alimenta de hierba y plantas acuáticas, de las que llega a comer 80 kg al día.

Se pasan la
mayor parte del
tiempo metidos
en el agua:
nadan a la
perfección y,
de hecho,
las crías
aprenden
a nadar antes
que a andar.

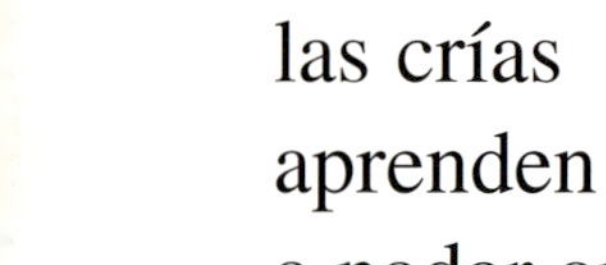

LOS LÉMURES sólo viven en la isla de Madagascar. Pasan buena parte del tiempo en la tierra y tienen hábitos diurnos.

Viven en grupos que suelen constar de 5 a 24 lémures.

Los hay de muchas clases, aquí tienes tres: un INDRI, un MAQUÍ (de cola anillada), y un SIFACA BLANCO (totalmente blanco y con la cara negra).

Se alimentan de frutas, flores, hojas, corteza de los árboles y savia.

EL AYEAYE es este animal tan raro: es un lémur muy particular. ¿Te has fijado en su dedo corazón? Es muy largo y fino. Lo introduce en los agujeros de los troncos y saca con su uña las larvas de insecto de las que se alimenta.

LOS RINOCERONTES

son los animales terrestres más grandes después de los elefantes. En África viven dos especies.

Los del fondo son RINOCERONTES BLANCOS. Comen hierba, y son más grandes: hasta cinco metros de longitud, y cinco toneladas de peso.

Este es el RINOCERONTE NEGRO.
Se sirve de su labio puntiagudo
para comer ramitas
y brotes de arbustos.

En algunos países
atribuyen
propiedades medicinales
a sus cuernos. Esto ha
sido su perdición,
porque ha provocado
que se los cace de
forma descontrolada.

Los chimpancés

son, después del hombre,
los animales más inteligentes.
Comen fruta, pero también
corteza de árboles,
insectos… o carne,
¡si pueden!

Andan por el suelo
sin dificultad
y prefieren dormir
en los árboles,
para ello construyen
nidos cada noche.

Son muy sociables
y tienen un lenguaje
de sonidos y gestos
bastante complicado.

LOS GORILAS son los monos más fuertes que existen. ¿Nunca habías oído la frase «tener la fuerza de un gorila»? En realidad, no es un animal agresivo. Por ejemplo, su conocido gesto de golpearse el pecho con los puños no sirve para amenazar, sino para fortalecer la cohesión del grupo.

Sus colmillos son formidables, aunque en condiciones naturales no son carnívoros: comen frutos, hojas...

Suelen desplazarse por el suelo; sin embargo, las hembras y las crías duermen en nidos construidos en las copas de los árboles, mientras que los machos se quedan en el suelo.

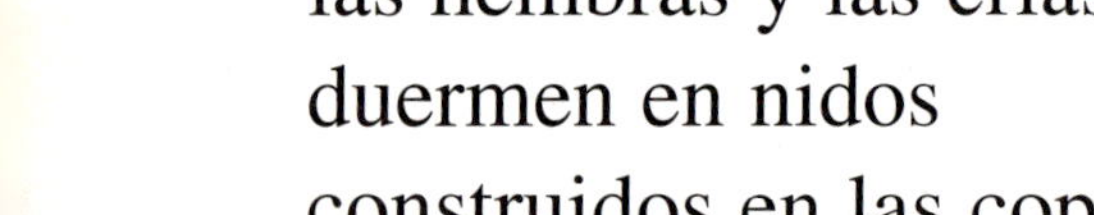

EL OKAPI es pariente de la jirafa, pero su cuello es mucho más corto. Los machos tienen dos cuernos cortos y peludos.

Vive en lo profundo
de las selvas de África ecuatorial y
no se le descubrió hasta el año 1900.
Actualmente se sabe muy poco de él.

El órix de El Cabo

tiene unos cuernos que pueden llegar a medir un metro, y son un arma defensiva muy eficaz.

Los órix son los antílopes del desierto; junto con los camellos, son de los pocos mamíferos capaces de pasar largo tiempo sin beber agua.

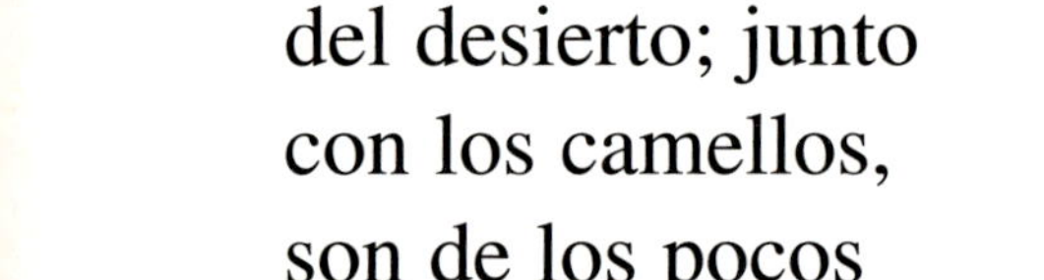

EL FÉNEC es un pequeño zorro que vive en los márgenes del desierto del Sahara.

¿Te has fijado en sus enormes orejas? No son para oír mejor, sino para disipar el calor sofocante del desierto.

Caza principalmente de noche: roedores, lagartos, insectos… Aunque es carnívoro, también come fruta si la encuentra.

LOS DROMEDARIOS son camellos de una sola giba. Fueron domesticados hace miles de años.

¿Sabías que los llaman «naves del desierto»? Pueden andar 1.000 km sin beber agua.

Pero cuando encuentran un oasis llegan a beber hasta noventa litros para recuperarse.

LAS CABRAS abundan en tierras de Marruecos:

Aprovechan casi cualquier planta que encuentran, ¡lo cual puede ser dañino por el exceso de pastoreo!

Las CABRAS son animales a los que hay que vigilar bien: saltan barreras y setos, y no es raro que destrocen el huerto que tanto hemos cuidado durante todo el año…

Dan una carne magnífica, y una leche que es, por lo menos, tan buena como la de las vacas: con ella se hacen quesos excelentes.

EL GATO MONTÉS es más grande y robusto que la mayoría de los gatos domésticos, y tiene la cola más gruesa. Parece incluso algo más rechoncho… ¡pero ojo con buscarle las pulgas, porque es más fuerte y fiero!

Fíjate en su piel grisácea y atigrada: es ideal para camuflarse entre la vegetación. Se sabe que a menudo se cruza con gatos domésticos asilvestrados, por lo que muchos de ellos son en realidad híbridos.

EL LINCE IBÉRICO, como su nombre indica, sólo se encuentra en España, aunque se sabe que en tiempos pasados vivió también en Francia y en gran parte de Europa.

Se alimenta sobre todo de conejos, pero cuando éstos escasean puede atacar alguna oveja.

Ha sido muy perseguido
por el hombre, y hoy en día
es una de las especies
de la fauna ibérica más
amenazadas.

Ya no hay muchos ASNOS en nuestro país, pero en el pasado fue quizá el animal de carga más abundante: necesita menos comida y menos agua que un caballo.

EL PERRO es reconocido como el mejor amigo del hombre. Y es esta una calificación que se ha ganado a lo largo de la historia.

Desde su origen, estos animales siempre han estado al lado de los humanos. Incluso han llegado a ser muy útiles desempeñando labores socialmente muy valoradas: perros policía, perros guía…

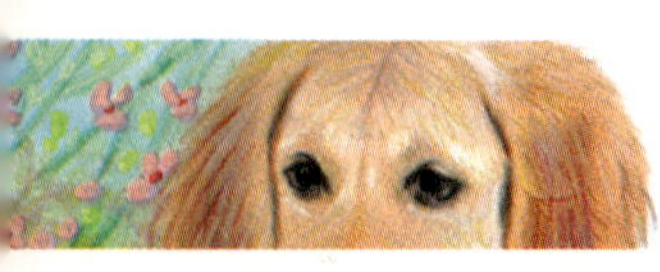

EL PERRO DE TIRO es esencial para los que se aventuran a por el Polo Norte, donde el trineo tirado por perros fue durante mucho tiempo casi la única forma de viajar.

En 1925, en Nome, Alaska, se declaró una epidemia de difteria. La ciudad estaba aislada por la nieve, a mil kilómetros de la estación de ferrocarril más cercana...

... Pero un perro llamado Togo recorrió la distancia hasta el ferrocarril y luego, cargado con el suero, regresó a Nome. ¡Cinco días bajo una fuerte tormenta de nieve!

LOS GATOS son otros de los animales considerados como mascotas.
¿Quién no ha jugado con uno de estos pequeños felinos en alguna ocasión?

Y aunque la expresión «llevarse como el perro y el gato» es muy popular, aludiendo su eterna enemistad, escenas como ésta son también muy comunes.

¿Quién dijo que a los gatos no les gusta chapotear? A este quinteto no parece que le asuste el agua. Aunque, en realidad, cualquier cosa les distrae: desde su reflejo en el plato hasta la mariposa que vuela por encima. La madre, desde luego, no parece estar demasiado preocupada.

LAS VACAS proporcionan un alimento básico al hombre. Una vaca suele dar cuatro o cinco litros de leche al día, y las «campeonas» pueden dar mucho más.

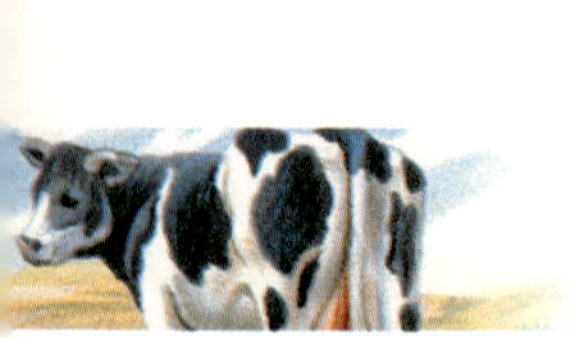

Este TERNERO que acaba de nacer va a necesitar también mucha leche para crecer: ¡aún no se sostiene sobre sus cuatro patas y ya está ansioso por ir a explorar el prado!

Las vacas que ves son de raza frisona: son las vacas lecheras más comunes.

LOS CONEJOS andan sueltos y felices por esta granja, aunque habitualmente están en conejeras.

Los recién nacidos se llaman GAZAPOS. Nacen sin pelo y ciegos, pues abren los ojos a los diez días.

Los conejos de campo

viven con sus gazapos
en madrigueras.

Lo suyo es una
familia numerosa:
los conejos suelen
tener de cinco
a quince crías.

Su frecuencia de procreación
es tan alta, que en poco tiempo
podrían invadir un bosque entero
y acabar con la vegetación.

¿Qué lo impide?
La circunstancia
de que otros animales
los cazan para alimentarse.

EL CABALLO fue domesticado por el hombre en época remota y le ha servido fielmente en el trabajo y en la diversión.

Son unos animales muy fuertes, pero que también necesitan muchos cuidados.

Poseen una gran memoria y aunque no son nada inteligentes, como se cree, tienen desarrollados otros sentidos, como el de la conservación y la defensa.

Se les puede domar con bastante facilidad.

Estos que ves aquí, tan esbeltos y elegantes, están destinados a la caza y las carreras. Se crían en establos especiales, donde las mejores yeguas se aparean con los mejores sementales para criar los potros más sanos y fuertes.

¿Sabías que un buen caballo vale más que la mayoría de los coches?

En la granja aprovechan el día soleado para correr libres por el prado. Ocas, gallinas y patitos observan con curiosidad al POTRO recién nacido.

LAS ARDILLAS comen con
afán y guardan comida para los
días de frío, que están al caer.
Las hojas están pardas
y la luz se filtra entre las copas
de los árboles: es otoño
y hay que darse prisa.

¡Para cuando llegue
el invierno, la despensa
tiene que estar repleta!

Los ciervos

reinan en el bosque. La primavera es la estación ideal para que nazcan los cervatillos. Tienen todo el verano para crecer y engordar.

Al fondo, el rey berrea: ¡hay que dejar bien claro a los otros machos quién manda en su territorio!

Estos cervatillos apenas tienen un par de días y ya están husmeando entre la hierba.

Hay donde curiosear: flores por todas partes, pájaros volando…
¡Su madre no les quita ojo de encima!

LOS JABALÍES vigilan de cerca a sus JABATOS, cuya piel parece un pijama de rayas. A medida que crecen, éstas van desapareciendo, y el pelaje toma el color gris oscuro de los adultos.

Los lobos

eran los grandes cazadores de los bosques de Europa.

La mayor parte de ellos se encuentra ahora en reservas y parques naturales.

El lobo siempre caza
en manada.

Una jauría bien coordinada
puede cazar presas tan
escurridizas como los gamos,
o tan grandes y fuertes como
los ciervos.

El control y la disciplina
en la manada es fundamental
para que esta caza en equipo
tenga éxito.

Los LOBEZNOS (cachorros de edad
inferior a tres meses) son
alimentados indistintamente
por cualquier miembro
de la manada.

LAS OVEJAS

producen tres productos fundamentales: carne, leche y lana.

En la actualidad tenemos los tejidos sintéticos, y por ello la lana ha perdido algo de su importancia, pero en tiempos antiguos era un producto tan valioso que hasta los reyes eran propietarios de grandes rebaños de ovejas.

¿Sabías que las ovejas merinas de Castilla eran consideradas las mejores productoras de lana del mundo? ¿Y que durante mucho tiempo en España hubo más ovejas que seres humanos?

Durante siglos,
el pastor con el cayado
y el perro en posición
de vigía entre un gran rebaño
de ovejas, ha sido una
estampa típica
en las llanuras de España.

LOS TURONES viven en zonas boscosas o cubiertas de maleza, próximas al agua, aunque también habitan en bosques claros, praderas húmedas, terrenos rocosos, prados encharcados, etc.

LAS COMADREJAS son cazadoras formidables a pesar de su pequeño tamaño.

Persiguen ratones, insectos y, a veces, pájaros.

EL RATÓN DE CAMPO come sobre todo vegetales, pero también gusanos, insectos y algún caracol.

Se le puede ver principalmente al anochecer, aunque éstos han salido a tomar el fresco un poco antes…

Los tejones

son inconfundibles
con sus bandas
negras y blancas
en la cabeza.
Tienen fuertes
patas y unas garras
afiladas, con las
cuales construyen
grandes galerías ¡de
hasta veinte metros
de largo!, incluso
entre las raíces
de los árboles.

Mientras excavan, cierran los ojos y la nariz para impedir que les entre tierra en ellos.

Defienden su hogar con fiereza. ¡Mejor que nadie les moleste en su territorio!

Las crías nacen ciegas
y prácticamente desnudas,
y se independizan
a los seis meses de vida.

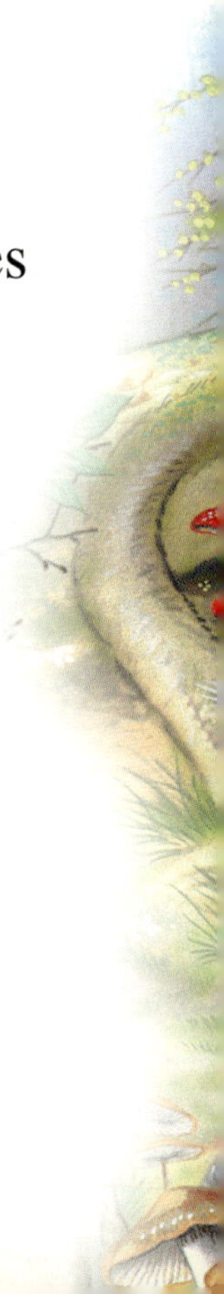

LOS GAMOS tienen la cornamenta en forma de pala con puntas en los extremos. Sólo el macho tiene cuernos.

Les gusta vivir en bosques con claros en los que poder moverse libremente.

EL OSO PARDO es el mayor carnívoro de los bosques de Europa: ¡puesto en pie, puede medir dos metros, y pesar más de trescientos kilos! En realidad es omnívoro; es decir, que, además de carne, come frutos, raíces, miel e incluso corteza de árboles.

Los osos pardos son solitarios en todas las épocas del año excepto en el período de celo, que tiene lugar en verano.

Durante mucho tiempo fueron perseguidos por el hombre porque atacaban al ganado, y actualmente viven sólo en algunos bosques de montaña, lejos de pueblos y ciudades.

LOS RENOS son los únicos miembros de la familia de los ciervos que han podido ser domesticados, y también los únicos en que tanto el macho como la hembra tienen cornamenta.

Para las gentes del norte, como los lapones, son una gran fuente de carne, leche y, sobre todo, pieles.

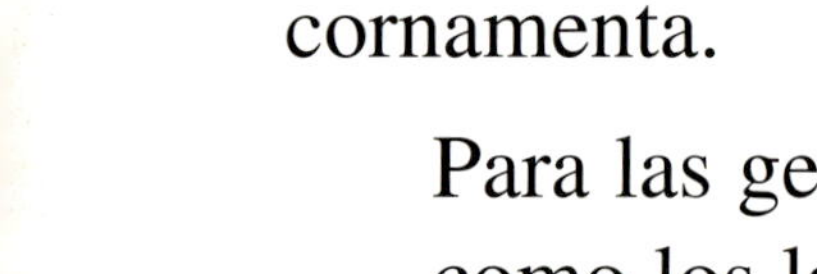

Los RENOS SALVAJES presentan formas mucho más esbeltas y elegantes que los domésticos.

Son sumamente prudentes. Pero no experimentan ningún temor frente a los otros animales.

LAS MORSAS utilizan sus largos colmillos para extraer moluscos ocultos entre las rocas, para agarrarse a los témpanos flotantes y, claro está, para defenderse de sus enemigos.

Esta manada vigila a ese par de osos: si se acercan demasiado, huirán por el agua a toda prisa. Los osos suelen ir a por las crías, desprovistas aún de colmillos. Nunca atacarán a un macho adulto.

LOS TIGRES son los grandes cazadores de las selvas de Asia. Se encuentran desde la India hasta las islas de Malasia.

Esta pareja que ves aquí está preparada para cazar, pero, sus cachorros parecen no darse cuenta… ¡no paran de jugar!

LOS PANDAS tienen un pelaje blanco y negro muy vistoso. Viven en los bosques del sur de China, y sólo comen bambú.

Estos IRBIS acechan al yak, pero su amo lo defenderá. Viven en el Himalaya y otras montañas del centro de Asia. Son primos cercanos de los leopardos y se les llama «leopardos de las nieves».

El elefante indio

es algo más pequeño que el africano y, a diferencia de éste, ha podido ser domesticado.

En muchos países de Asia el elefante es utilizado como animal de carga, para mover troncos o desbrozar la selva.

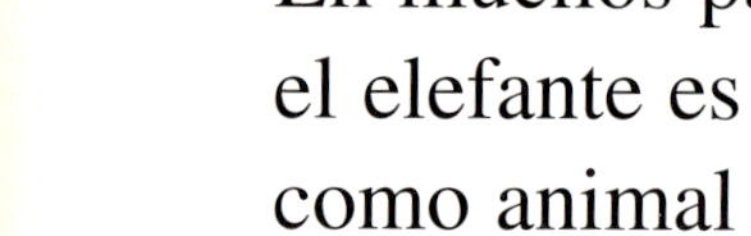

¿Sabías que hay escuelas
en las que entrenan a los
elefantes para estas tareas?
Eso sí: ¡hay que bañarlos
una vez al día y
cuidarlos bien!

El instinto maternal
de la hembra del elefante
es muy notable.
Las madres cuidan
solícitamente de los
pequeños, se preocupan
de alimentarlos
y protegerlos e incluso,
cuando es necesario,
se muestran severas
con ellos.

El caballo salvaje

es más pequeño y menos esbelto que el típico caballo de carreras, pero es muy fuerte y resistente. En las estepas de Asia Central, donde vive, en invierno hace un frío muy intenso.

Se cree que es el antepasado de todas las razas de caballos actuales. También es conocido como «caballo de Przewalski», en honor al científico ruso que lo estudió.

A menudo se describe a Mongolia como «la tierra de los caballos». Los niños aprenden a montar a caballo a los cuatro o cinco años.

En Mongolia al caballo se le denomina TAKHI. Es del tamaño de un pony, de color marrón amarillento oscuro, de constitución firme, espalda corta y gran tamaño. Su piel, pesada y peluda en invierno, se vuelve ligera y lustrosa en verano, y sus crines son tan rígidas y erectas como las de una cebra.

El rinoceronte indio

se diferencia de los africanos en que sólo tiene un cuerno en el hocico.

Con su gruesa piel, parece estar acorazado como un caballero medieval. Es una buena defensa contra sus enemigos, como estos gaviales que acechan en la otra orilla…

LOS ORANGUTANES

son los monos de mayor tamaño, detrás del gorila. Viven en las selvas del sureste de Asia.

El orangután que está más a la derecha es un macho. Su cara ancha se debe a que en los machos la piel de las mejillas se ensancha y se vuelve azulada a medida que envejecen.

Los gibones viven en las selvas del sureste de Asia, y para desplazarse, se cuelgan de las ramas con sus brazos y saltan de una rama a otra.

A esta manera de moverse se la llama «branquiación». ¡Sin duda, los largos brazos del gibón son muy útiles para esa tarea!

Las ardillas voladoras

llevan al extremo la capacidad de dar saltos de una rama a otra. La membrana de piel que les une las patas, como si fuera un paracaídas, les permite salvar distancias de cincuenta metros o más.

Existen varias especies. La mayor de todas es la ardilla voladora gigante: es esta que ves en el árbol a punto de dar un salto.

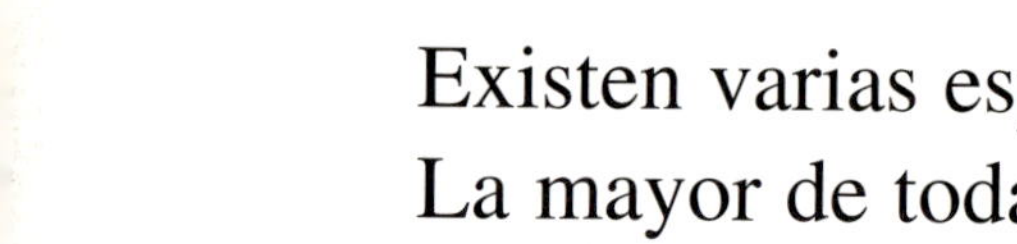

LOS CANGUROS son tan pequeños al nacer que no pueden salir aún al mundo exterior.
La madre los lleva durante un tiempo dentro de una bolsa, llamada «marsupio», que tiene en su vientre, donde están las glándulas mamarias.

LOS KOALAS comen hojas de eucalipto… ¡que son tóxicas para muchos animales! Pasan casi toda su vida colgados de las ramas de estos árboles, y solo bajan para ir de un árbol a otro. En cada parto tienen una sola cría, que vive colgada de su madre durante el primer año de vida.

EL ORNITORRINCO vive cerca de los ríos de Australia.

¡Es un mamífero que amamanta a sus crías, pero nada como un pez, tiene pico y pone huevos como un ave!

LOS DELFINES son muy inteligentes y nadan muy deprisa: pueden mantener una velocidad de treinta kilómetros durante horas.

Son muy conocidos porque acompañan a los barcos, saltando a su alrededor. ¡Pueden saltar hasta una altura de seis metros!

EL CARNERO utiliza su fuerte cornamenta para defenderse de los depredadores, y para combatir con otros carneros.

En época de celo, las montañas retumban con el sonido de los cuernos de los machos, que chocan entre sí cuando pelean por las hembras.

Cuanto más gastada está una cornamenta, más combates ha librado el ejemplar.

EL OSO NEGRO es más pequeño que el oso blanco y que el oso pardo. En otoño suele atiborrarse de pescado para almacernar grasa en su cuerpo y así poder hibernar.

El buey almizclero es el mamífero de pelo más largo: ¡algunos de sus pelos pueden medir más de un metro!

Cuando se sienten amenazados, los machos forman un círculo, en cuyo interior las crías están protegidas de sus depredadores.

EL ZORRO ÁRTICO tiene el hocico corto y las orejas pequeñas propias de un animal del Polo Norte.

Caza a los ratones campestres de la tundra y se come las sobras que los osos polares han dejado sobre el hielo.

También el zorro ártico está bien protegido por su pelaje: ¡con él puede sobrevivir a temperaturas de 50 grados bajo cero!

EL PUMA es un cazador fuerte y astuto. Se le conoce como «león americano», porque tiene un aspecto parecido al de una leona, si bien es más pequeño.

Se adapta con facilidad tanto a las altas montañas como a las áreas secas y desérticas o a la sabana. Lo importante para este felino es la presencia de venados, pues aunque se alimenta de muchos otros animales, ésta es su presa favorita.

AL BISONTE AMERICANO, los europeos que llegaron a América, al verlo tan enorme y peludo, lo llamaron por error «búfalo».

El bisonte formaba rebaños inmensos que recorrían las llanuras de Norteamérica. Los colonos los cazaron en tal cantidad que estuvo a punto de desaparecer.

Por fortuna, en 1905 se formó una sociedad encargada de proteger a los pocos que quedaban.

Los castores americanos construyen nidos en medio del río: para ello utilizan troncos y ramas que cortan con sus fuertes dientes.

La entrada al nido queda sumergida: gracias a esto, pueden entrar en él también en invierno, cuando la superficie del agua se hiela.

En el nido viven familias enteras: los padres y varias generaciones de hijos. Se trata de una sociedad compleja, algo poco común entre los roedores.

¿Sabías que hay también castores en Europa? Pero en general no construyen nidos tan imponentes.

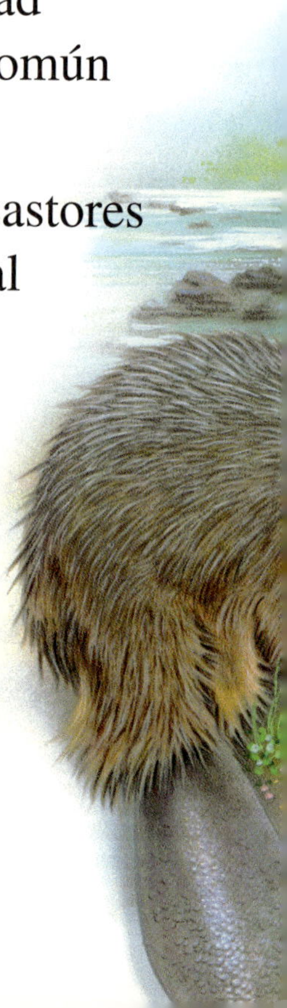

EL COYOTE sólo vive en Norteamérica. Parece un lobo, aunque es bastante más pequeño.

Caza sobre todo conejos y liebres, pero algunas veces ataca a gallinas y ovejas. ¡Esto ha hecho que los granjeros no le tengan mucha simpatía!

EL JAGUAR es el felino más grande de América: se parece al leopardo, pero es algo más grande y pesado.

A amenudo se desconoce que los jaguares también pueden ser totalmente negros o blancos. ¡Incluso en un camada puede haber cachorros negros, blancos y manchados!

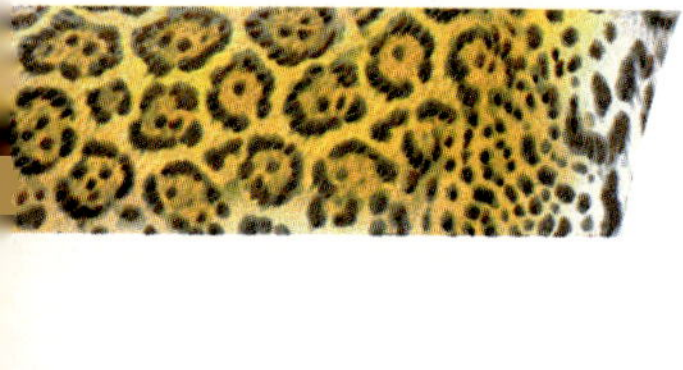

EL OSO HORMIGUERO no es agresivo y siempre huye. La mayor parte del tiempo está subido en los árboles, por lo que su modo de andar en la tierra es bastante torpe.

LA CAPIBARA puede ser una
auténtica plaga:
se reproduce tanto
que podría acabar
con los pastos: por ello
es perseguida por el hombre.

Es el mayor de los roedores: ¡puede medir más de un metro de longitud, y pesar más de cuarenta kilos! Vive en los pantanos de Sudamérica: sólo abandona el agua para pastar.

LA LLAMA es el principal animal de carga de la cordillera de los Andes, y se puede decir que la civilización de los incas se basó en este animal. Pertenece a la familia de los camellos y es muy resistente al frío y a la altura.

Cuando se enfada ¡escupe! Lo hace con mucha fuerza y con una puntería asombrosa. Entre los indios era conocido como un animal muy útil, pero con un mal genio tremendo.

Este es un ARMADILLO ENANO. Es muy difícil verlo, porque en cuanto se asusta se entierra rápidamente, excavando el suelo con sus fuertes uñas delanteras.

Como no tiene piel, no puede resistir temperaturas muy bajas, por lo que no se adentra hasta las zonas frías.

Los armadillos se alimentan de insectos. Sus principales atributos son la coraza, que los protege de los ataques de animales menores, y su habilidad para excavar.

LA BALLENA AZUL es el animal más grande que existe y, según parece, el más grande que ha existido jamás. ¡Ni el dinosaurio más pesado la gana! Puede medir más de treinta metros, y pesar 150 toneladas.

Se alimenta de un animal muy pequeño: el KRILL, una especie de gamba muy abundante en la Antártida.

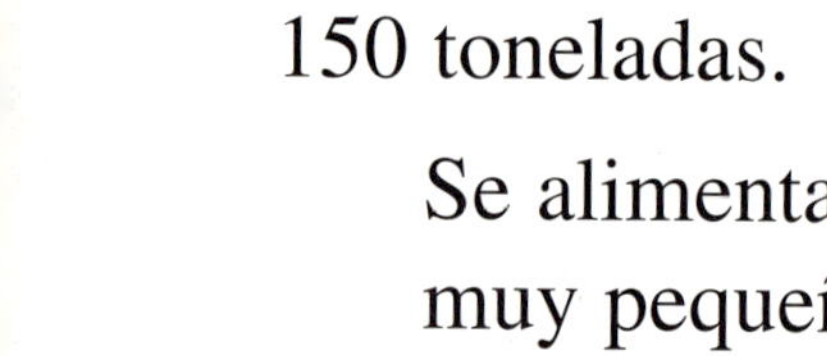

EL ELEFANTE MARINO es el mayor de los pinnípedos, el grupo de mamíferos al cual pertenecen las focas. Su protuberancia nasal, que recuerda la trompa de un elefante, es lo que le da el nombre.

En tierra es bastante torpe, pero bucea muy bien. Se trata de un animal pacífico, ¡pero en época de celo las peleas entre los machos son algo tremendo!

LAS CEBRAS son parientes cercanas de los caballos, pero a diferencia de éstos, nunca han podido ser domesticadas.

No hay dos cebras iguales:
por las rayas de las piel se
reconocen en medio de la manada

Los lobos marsupiales vivian en Australia y se consideran ya extinguidos. El último del que se tiene noticia fue visto hace más de sesenta años.

AVES

A estos PÁJAROS los vemos cerca de las casas. Se trata de un abejaruco, un jilguero, un pito negro, una abubilla y un reyezuelo listado.

El reyezuelo listado mide nueve centímetros. El macho pito negro picotea los troncos en busca de comida; el abejaruco tiene un pico largo y vistosos colores. El jilguero tiene el pico corto y robusto.

EL ÁGUILA IMPERIAL es más pequeña que el águila real. Vive en zonas llanas: estepas, marismas… Busca las copas de los árboles altos y aislados para construir su nido.

La línea de plumas blancas de sus alas es característica de la especie.

EL BUITRE es una de las mayores rapaces de Europa. Su increíble vista le permite descubrir, a grandes distancias, animales muertos de los que se alimenta.

Tiene el cuello desnudo y un pico ganchudo y fuerte. Es capaz de planear durante horas y limpia la naturaleza de restos de materia orgánica.

LAS AVESTRUCES son las aves más grandes que existen, un macho adulto puede medir más de dos metros de altura.

No construyen nidos: aprovechan las irregularidades del terreno, añaden algunas ramas, y allí ponen sus huevos..., ¡que pesan más de un kilo!

LOS SOMORMUJOS se sienten tan a gusto en el agua que hasta construyen en ella sus nidos. El de la derecha es el SOMORMUJO LAVANCO, uno de los más grandes. Fíjate en sus polluelos: ¡se debe estar muy cómodo entre las alas de la madre!

LOS FLAMENCOS forman bandadas de miles de pájaros, que atraviesan el Mediterráneo en busca de aguas poco profundas y marismas. El color rosado propio de sus plumas proviene de los crustáceos que comen.

EL BÚHO es
la más conocida
de las rapaces nocturnas,
aunque la verdad es que también
puede cazar a plena luz del día.
Fíjate en sus garras: ¡con ellas no
es fácil que la presa se le escape!
Aunque es cierto que este lirón no
pierde el tiempo a la hora
de salir corriendo.

Algunos LOROS han decidido quedarse con nosotros. ¿Sabías que cada vez hay más loros en libertad en nuestro país? Se escapan de jaulas y zoológicos. Pero realmente proceden de los países tropicales.

EL GALLO anuncia el nuevo día con su canto. Con él se despertaban nuestros abuelos, cuando el despertador aún no controlaba nuestro sueño.

LAS AVES MIGRATORIAS

emigran al sur
en busca de lugares
cálidos para pasar el invierno.
La GARZA REAL y la GARCETA COMÚN
se quedan en el sur de Europa.
Los patos pueden llegar hasta África.

LAS GARZAS reinan en la laguna. Son pescadoras, y tienen las patas muy largas. Los MARTINES PESCADORES vigilan en busca de algún pez.

EL ÁGUILA REAL es la mayor ave cazadora de nuestro país. Suele vivir en zonas montañosas. Puede cazar crías de cervatillos, pero suele perseguir animales de menor tamaño.

El quebrantahuesos

se alimenta del tuétano, que es la parte tierna que hay en el interior de los huesos.

Para poder comérselo,
debe romper el hueso, y lo
consigue dejándolo caer al suelo
desde gran altura.

Los cisnes

son de la misma familia que las ocas, aunque más grandes y elegantes: su largo cuello les es muy útil para buscar por el fondo del estanque las plantas acuáticas.

LAS AVES DEL PARAÍSO viven casi todas en Nueva Guinea.

Su plumaje espectacular –que sólo lucen los machos– ha sido su ruina: fueron cazadas a miles para que sus plumas pudieran ser empleadas como adorno en los sombreros de las damas.

Esta ave grande de color negro es un CASUARIO. Vive en los bosques de la isla de nueva Guinea.

Aunque es un ave, no puede volar, pero esta circunstancia la compensa con una gran capacidad para correr, es una veloz corredora.

EL EMÚ es, después del avestruz, el ave más grande. Sus alas son demasiado raquíticas para volar, pero puede correr a toda velocidad gracias a sus patas largas y fuertes.

EL KIWI es un pájaro sin alas. Es el símbolo de Nueva Zelanda, el único lugar del mundo donde se le puede encuentra.

Es un animal nocturno. Con su largo pico busca gusanos y larvas enterrados en el suelo.

¿Sabías que los huevos del kiwi son, proporcionalmente, los más grandes de todas las aves?

EL KEA es un pájaro de la familia de los loros que sólo se encuentra en la isla Sur de Nueva Zelanda.

Es bastante grande
(unos cincuenta centímetros),
y tiene un pico tremendo
pero muy útil para arrancar
la corteza de los árboles
y capturar las larvas de los
insectos que se esconden ahí.

Pequeño pero fuerte,
el PATO EIDER se arranca
su delicado plumón para forrar
con él las paredes del nido.

El eider vive cerca de la orilla
de los mares árticos de Canadá,
pero también se cría en granjas
de Escandinavia e Islandia.
Puede bucear hasta nueve metros
en busca de peces y cangrejos.

EL ÁGUILA DE CABEZA BLANCA puede medir hasta noventa centímetros. Se alimenta de peces, y por eso vive cerca de ríos, lagos o de la costa. Para pescar desciende en vuelo rasante y atrapa con sus garras los peces que suben a la superficie.

El Ñandú es el ave más grande de América. Vive en la Pampa argentina y en el suroeste de Brasil; no vuela y parece un avestruz, aunque es más pequeño y no tan vistoso.

¿Sabías que en esta especie es el macho el que incuba los huevos? Y como puede tener hasta seis hembras, ¡se le pueden acumular veinte huevos a la vez!

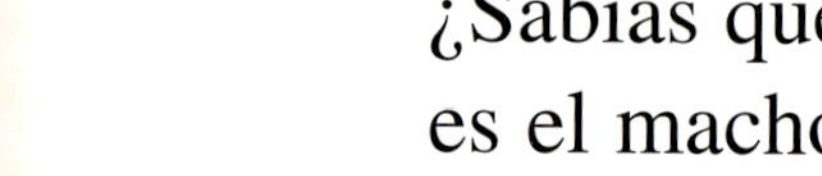

EL CÓNDOR DE LOS ANDES es un ave rapaz que sobrevuela las montañas en busca de carroña.

Es la mayor ave voladora: ¡su envergadura es de hasta tres metros, más que el más alto jugador de baloncesto!

El cóndor permite que su temperatura baje durante la noche, esto le ayuda a conservar su energía. A lo largo de la mañana y del día abre sus alas para elevar su temperatura y para enderezar sus plumas, las cuales tienden a doblarse debido a lo continuo de su vuelo.

AL PINGÜINO se le conoce también como pájaro bobo, por su torpeza en tierra; sin embargo, nadan bajo el agua con mucha facilidad.

Hay varias especies. El que ves aquí es el pingüino ADELIA, uno de los más pequeños.

LOS PINGÜINOS viven en la Antártida. Los hay de varias clases: el PINGÜINO REAL es el mayor de todos.

Su rasgo más característico es la mancha de color amarillo bajo su cuello. Mantienen a sus polluelos calientes sobre sus pies.

EL CHARRÁN es un pájaro de costumbres migratorias que vuela de un polo a otro.

No resulta raro que se acerque a las orillas de la costa oeste peninsular para posarse y descansar en el transcurso de su larguísimo periplo anual, que le lleva de un extremo a otro del planeta.

Reptiles y Anfibios

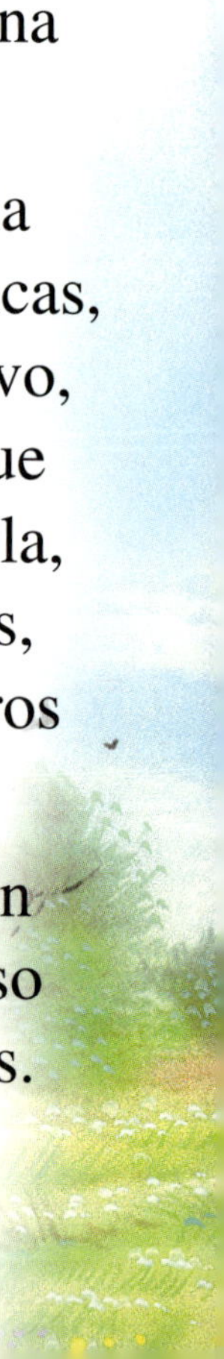

LA PITÓN probablemente sea la serpiente más larga del mundo. La más grande que se ha encontrado era tan larga como la altura de una casa de tres plantas.

Los hábitos y el tamaño de la pitón varían: desde las asiáticas, que pueden comerse un ciervo, pasando por las africanas, que se recogen formando una bola, hasta llegar a las australianas, a las que dejan en los graneros para que se coman las ratas.

¿Sabías que todavía conservan un resto de las patas posteriores? Eso sí, sólo con unas pequeñas garras.

La tortuga mediterránea

se ha adaptado a las zonas secas, donde se alimenta de la escasa vegetación que encuentra. Puede vivir unos veinticinco años, lo cual es mucho tiempo para un animal tan pequeño. Con su duro caparazón, apenas hay depredadores que la inquieten.

Entonces… ¿Cuál es su principal problema? ¡El fuego! No puede huir de él. Actualmente es una especie protegida por la ley: si te encuentras una, no se te ocurra llevártela a casa.

El monstruo de Gila

es un lagarto típico de los desiertos de Norteamérica.

Es muy venenoso, casi tanto como una cobra.

Fíjate en su cola: es muy gruesa, porque en ella almacena grasas que le permiten sobrevivir en tiempos de escasez.

LOS COCODRILOS
son los grandes cazadores
de los ríos de África.

No abandonan
a sus crías hasta que no son lo
bastante adultas para alimentarse
por sí solas. Para cazar
permanecen ocultos en el agua,
y se abalanzan velozmente sobre
los animales que están
bebiendo en la orilla.

LAS IGUANAS se encuentran en lugares cálidos de América. Existen muchas especies; todas tienen un aspecto terrorífico y, sin embargo, son inofensivas. Muchas tienen crestas dorsales que les dan un aspecto poco amigable…

Son animales de sangre fría y necesitan calentarse para poder moverse con agilidad. En las islas Galápagos es frecuente verlas en gran número tomando el sol en las rocas costeras.

LA ANACONDA es la serpiente más grande que existe: se han encontrado pieles que medían más de once metros.

Suelen permanecer cerca de los ríos, en el suelo o colgadas de los árboles, como ésta que vemos aquí, acechando a sus presas.

PECES

EL TIBURÓN BLANCO es quizá el más peligroso de todos los tiburones. Sus numerosos dientes no están soldados a la mandíbula.

EL PEZ MARTILLO es en realidad una especie de tiburón, sólo que las prolongaciones laterales de su cabeza le dan un aspecto muy extraño… (como un martillo, ¿verdad?).

Es un cazador experto, y también un animal peligroso. Los buceadores que se acercan a él deben ir con mucho cuidado.

LA MANTA nada de un modo particular: ondulando las dos extensiones laterales de su cuerpo. Es un pariente lejano de los tiburones pero, a diferencia de ellos, es un animal inofensivo.

Se alimenta filtrando el agua por su enorme boca, y utiliza los dos apéndices carnosos que tiene a ambos lados de la boca para dirigir el agua que filtra. De adulta mide de dos a tres metros y pesa hasta 1,6 toneladas.

CONTENIDO